DE LA NÉCESSITÉ

DE

VENGER LA FRANCE,

ET DÉ PUNIR

LES AUTEURS DES HORRIBLES ATTENTATS COMMIS DANS
LES JOURNÉES DES 27, 28 ET 29 JUILLET 1830.

PRIX : 50 CENTIMES.

PARIS.

LANDOIS ET BIGOT, LIBRAIRES,

RUE DU BOULOI, N° 10.

1830.

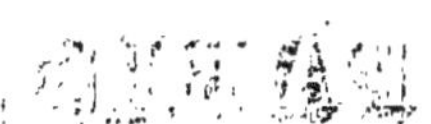

PARIS.—IMPRIMERIE DE AUGUSTE MIE,

Rue Jacquelet, n° 9, place de la Bourse.

DE LA NÉCESSITÉ

DE

VENGER LA FRANCE.

L'histoire a tracé d'une manière ineffaçable les crimes de Charles IX. Elle retracera aussi avec le même burin ceux de Charles X. Le premier a rendu son nom si odieux et sa mémoire si exécrable, que l'on n'a jamais osé représenter son image, *même dans les lieux les plus déserts et les plus inhabités de la France*. Rome seule a pu louer Charles IX. Des écrivains modernes, et qui n'ont apparemment jamais lu l'histoire de la révolution de 1789, *ont peint le dernier Charles comme un homme aussi inepte* que faible. Plus instruits, et surtout s'ils avaient lu l'histoire dont nous venons de parler, *ils auraient vu que dans tous les conseils* qu'il donna à son frère Louis XVI *il fut toujours despote*.

Un grand procès est à juger. De grands coupables vont être traduits devant la Chambre des Pairs, ou si l'on veut devant des jurés nationaux.

La France compte que ces jurés seront assez grands, assez prudens, assez courageux et assez justes, pour bien remplir leurs devoirs.

Ils ne regarderont pas dans les prévenus des hommes dont plusieurs furent leurs égaux et qui ont été assis à leurs côtés. Ils ne faibliront pas quand il faudra au contraire se roidir et regarder Brutus condamnant ses enfans. Il ne faudrait pas que l'on pût dire encore : *Les grandes dignités publiques ne font pas les grands hommes, surtout quand l'hérédité y conduit.* Pairs, lorsque vous aurez entendu les accusés et les orateurs chargés de les défendre, suspendez un instant votre décision, quittez même vos siéges, allez au marché des Innocens, de là au pied du Louvre et au cimetière de l'Est ; vous y verrez les tombeaux des malheureuses victimes des 27, 28 et 29 juillet. Et si les coupables de ces attentats sont devant vous, frappez !.... Mais les tombeaux sont silencieux..... Ils n'impriment que le sentiment de la douleur et font verser des larmes. Un tableau plus frappant devra frapper vos esprits ; la pensée et la vue pourront vous reporter sur une ville mise en état de siége, que le tyran appelait sa bonne ville.... De quel frémissement les Pairs n'auraient-ils pas été frappés s'ils eussent entendu le bruit du canon, celui des boulets, de la mitraille et de la mousquetterie, portant la mort de toutes parts, même dans les demeures des paisibles habitans; si leur vue avait été frappée du spectacle des milliers de cadavres gissans sur les pavés teints de leur sang, horriblement défigurés et mutilés, et des blessés sans nombre dont les douleurs émouvaient jusqu'aux ames les moins sensibles; les édifices et les maisons ébranlés jusque dans leurs fondemens; enfin ces bateaux stationnés aux pieds de la Morgue, pour recevoir les cadavres sur lesquels on versa de la chaux vive pour consumer plus vîte les victimes!... Quel sentiment d'horreur n'auraient pas éprouvé les Pairs!.... Voilà en quelques mots le spectacle affreux qu'a offert pendant trois jours une ville de 800 mille ames qui a été obligée de courir aux armes pour opposer de la résistance à une garde assassine, dont la mission était de massacrer tous les habitans, de piller et d'incendier, pour que l'on dise un jour :

Là fut Paris !!....

Et c'est un roi qui a violé ses sermens, qui a froidement médité le carnage, le pillage et l'incendie, et dont le caractère féroce égale celui d'un Néron,.... à qui on a eu la faiblesse d'accorder quatre millions de pension annuelle (1)! Et ce sont des ministres (2) qui avec ce roi cruel, ont dans un conseil prononcé la destruction du pacte social, dressé des listes de proscriptions, donné des ordres pour faire dresser des échafauds dans toutes les villes de France, déclaré Paris en état de siége, afin que, par sa destruction totale, leurs crimes soient transformés en fidélité, en vertus et

(1) Charles, dit le Gros, coupable seulement d'avoir cédé la Neustrie sans le consentement des états, et d'une jalousie féroce contre sa femme Richarde, fille du roi d'Ecosse, fut destitué et réduit à un tel état de misère, qu'il mourut dans un pauvre village de la Suabe, sans toît, sans pain, sans regrets et sans mémoire.

(2) A qui un des siens (Polignac), écrivait d'Erfurt en 1801. (Correspondance des émigrés, p. 288.)

« Combien croyez-vous que dans quatre jours vous puis-« siez réunir d'hommes capables d'entreprendre le plus grand « coup de main ? Croyez-vous que vous y pourriez réussir! »

Les agens de Louis XVIII et du comte d'Artois étaient les directeurs de la machine infernale.

Et un autre :

« Les nombreux français se soumettent ; et ceux qui en « sont, comme Scapin, quittes pour des coups de bâtons, « se trouvent trop heureux. César avait raison ; cette na-« tion est trop féroce pour être libre, trop vaine pour obéir. « Robespierre a su seul régner; elle veut être gouvernée « par la terreur. » (Même correspondance, p. 145.)

en courage, à qui l'on voudrait pour la réparation de tant de forfaits, n'appliquer que la peine d'un exil perpétuel!!! Si telle pouvait être la solution de ce grand procès, il y aurait à craindre que le peuple ne portât lui même le jugement et ne se chargeât de l'exécution.

L'accusation est trop chargée pour inspirer aucune pitié. Dans cette grave circonstance, la politique ne peut exiger que le sang français ait été versé impunément.

Cette accusation comporte le crime de haute trahison, celui de meurtre et celui de vol du trésor, pour *payer les fidèles soldats du Commode moderne.*

Pairs, ne vous y trompez pas, vous êtes placés entre l'honneur et le deshonneur; et à côté de l'histoire qui retracera les crimes et les horreurs du mois de juillet, on lira le jugement que vous aurez porté, et on y inscrira vos noms. Si vous voulez obtenir que vos cendres reposent dans le temple consacré aux grands hommes, vous ne craindrez pas plus la mort des misérables qui voudraient vous la donner, que les héros des trois journées ne l'ont craint. Votre tâche est glorieuse à remplir, vous avez à venger plus de huit mille de vos concitoyens (1), immolés à la fureur des barbares, dont quelques uns des chefs vont figurer devant vous.

Que vous demande la France, que vous dit-elle, ou plutôt de quoi vous avertit-t-elle? Que si vous n'osiez la venger, le crime enhardi ne s'arrête plus dût-il perdre l'état.

Si encore, au moment où, disposés à porter votre jugement, vous vous rappeliez les cris plaintifs des braves qui ont péri dans ces journées mémorables; si à ce moment même, vous entendiez les gémissemens de ces malheureux qui ont perdu leurs fils, leurs parens et tout ce qu'ils ont de plus cher, vos cœurs tout émus vous dicteraient le jugement que vous êtes appelés à prononcer.

Vous ne pouvez donc reculer devant quatre ou cinq têtes qui en ont fait tomber des milliers (l'un d'eux, Peyronnet, dans le procès des militaires,

(1) Il ne faut cependant pas considérer comme seules victimes, les citoyens morts pour la défense de la patrie, dans les trois journées; la garde, qui leur fut opposée, était toute française, elle fut changée en garde assassine par la démoralisation, la corruption et les menaces; il faut en dire autant de ces étrangers qui s'unirent par le même talisman à cette garde, et dont la patrie en deuil, peut aussi invoquer la punition des ex-ministres.

devant la Chambre des Pairs, en a demandé 40.)

Des philosophes demandent l'abolition de la peine de mort; ils n'ont pas sans doute entendu en préserver les grands coupables. En faisant cette demande, en admettant que cette abolition soit demandée depuis long-temps, la loi qui serait rendue dans ce louable but, ne pourrait, sous aucun rapport, être applicable aux ex-ministres, parce que aucune loi ne peut avoir d'effet rétroactif; le délit dont ils sont prévenus ayant été commis sous l'empire de la peine de mort, c'est cette peine seule qui doit leur être appliquée, s'ils sont déclarés coupables des crimes énoncés dans l'acte d'accusation.

Le tyran lui-même s'est fait justice en abdiquant le pouvoir suprême; son abdication doit même aggraver les torts des ex-ministres, car s'ils eussent été de bons conseillers, ils n'auraient pas ouvert l'abîme dans lequel ils ont précipité leur maître, et le sang n'aurait pas coulé à grands flots.

Le jugement que la Chambre des Pairs est appelée à porter (si elle lui imprime son véritable caractère), pourra donner une nouvelle face à l'Europe. La France ne lui demande pas qu'elle frappe sans avoir entendu; elle désire, au contraire, que dans le cours des débats elle se montre digne du haut rang qu'elle occupe, en ne laissant échapper ni signe d'approbation, ni signe d'improbation. Il n'y a pas de corps, quelque soit même sa forte constitution, qui résiste au temps, et il n'y en a pas qui ne succombe à force d'agitation des prêtres (Charles X en est un exemple), qui ont déjà donné à la France le spectacle de douze guerres civiles; il faut compter de plus celle des trois journées, et peut-être touchons-nous à la quatorzième, si le gouvernement ne déploie contre les prêtres jésuites, la sévérite nécessaire pour déjouer leurs complots et peut être leurs tentatives pour sauver de grands coupables.

Depuis le mois de juillet le sang a coulé à Nismes, et peut aujourd'hui encore couler ailleurs. *En révolution il faut frapper ou l'être.* Qu'on ne vienne pas nous dire que nous voulons ramener la terreur, personne ne la veut et ne la désire. Elle fut l'ouvrage des agens de Coblentz, et de Pilnitz. Qu'on relise la correspondance des émigrés, saisie à Bareuth et à Mende, la relation de la trahison qui livra Toulon aux Anglais, le procès de Froment et les manifestes des princes, on trouvera toutes les preuves de ce que nous avançons.

La France régénérée veut le règne de la justice, et repousse toute chose décrépite opposée aux lumières du siècle. Puisse-t-elle n'avoir plus que sept grands coupables à punir, et après le châtiment, obtenir cette liberté pour laquelle elle fait des efforts inouis depuis quarante ans.

Pour rendre plus sensible les projets criminels de Charles X, dont le trône vient d'être renversé par les Parisiens, nous allons transcrire un extrait du Courrier Français, publié en 1792. Ce qu'on va lire aura besoin de peu de commentaires, et donnera la mesure de ce que serait devenue la France, si Paris n'eût triomphé après les ordonnances du 25 juillet.

Extrait d'un manifeste qui fut publié à Coblentz, le 13 janvier 1792, et qui portait les signatures de Louis-Stanislas Xavier, de Charles-Philippe, contre-signé, Calonne.

Nous ne rapportons que les articles de ce manifeste et le dernier paragraphe :

1º Le clergé sera rétabli dans son ancien état, et on lui restituera ses biens : la religion (vous l'entendez) l'exige impérieusement.

2° La noblesse, les ordres et les droits féodaux seront rétablis, comme étant la principale base de la monarchie française.

3° Les parlemens et tous les anciens tribunaux, tant royaux que seigneuriaux, seront rappelés à leurs fonctions, chacun pour le ressort et l'arrondissement qu'il avait ci-devant. Cette mesure est indispensable pour effacer jusqu'à la moindre trace des nouveaux établissemens et des nouvelles lois.

4° On rétablira la dîme, la taille, les vingtièmes, la capitation, la gabelle, les aides, les entrées, et tous les autres impôts qui existaient avant la révolution, bien entendu, avec les priviléges et exemptions, franchises et immunités dont jouissaient à cet égard la noblesse et le clergé; et pour éviter une désastreuse banqueroute et établir un parfait équilibre entre la recette et la dépense, les impôts seront augmentés, et les rentes seront diminuées dans la proportion que nous estimerons nécessaire.

5° La ferme générale et toutes les autres compagnies de France seront pareillement rétablies, attendu qu'un grand empire ne peut subsister

avec gloire sans ces compagnies ; d'ailleurs pres-
que tous les membres qui les composaient ont mé-
rité de notre part ce témoignage d'estime et de
bienveillance par la conduite louable qu'ils ont
tenue ; les uns en nous apportant ou en envoyant
tout l'argent qu'ils ont pu amasser, les autres *en
nous servant d'émissaires et d'embaucheurs ,* et
en professant hautement la haine ou le mépris pour
cette production monstrueuse et absurde qu'on
ose appeler constitution, et que les parlemens fe-
ront brûler par la main du bourreau.

6° Il nous sera livré, à notre choix, quarante
députés de la prétendue assemblée constituante, et
dix seulement de celle qui lui a succédé, afin que
nous les fassions punir comme criminels de lèse
majesté divine et humaine, cet exemple étant indispensable pour empêcher qu'à l'avenir ils aient
des imitateurs.

7° Quant *au roi, il est notre frère; c'est-à-dire
qu'il recevra de nous un traitement convenable* (1).

(1) Les Caïns modernes, l'année suivante, dans le même
mois de leur manifeste, donnèrent sur la Place de la Révolution à Louis XVI, leur frère, le traitement qu'ils lui des-
tinaient.... Royalistes, d'après cela, qui devez-vous accuser
du meurtre du 21 janvier ?

Mais sur ce point délicat, nous ne pouvons ni devons prendre aucun engagement définitif, les circonstances régleront notre conduite.

8° Enfin, l'Alsace et la Lorraine seront cédées, en toute souveraineté, à l'empereur, en reconnaissance de la haute protection qu'il nous accorde, et pour l'indemniser des dépenses qui en sont et pourront être la suite.

Voilà, Français, à quel prix vous pouvez désarmer notre colère et faire tomber de nos mains les foudres prêtes à vous écraser. Elles seront suspendues jusqu'au premier mai prochain (1792). Mais si à cette époque vous n'avez solemnellement accepté la conciliation que nous vous offrons, rien ne pourra plus vous sauver. du carnage, du pillage et de tous les fléaux qu'une guerre implacable traîne après soi ; et ceux d'entre vous que le fer et la flamme auront épargnés périront sur l'échafaud.

Voilà donc, Français, les hommes que vous avez eu la générosité d'accueillir en 1814 et 1815, après tout le mal qu'ils vous avaient fait et qui avaient le projet de proscrire jusqu'à la septième génération ; les familles des Français qui sous la répu-

blique et l'empire ont occupé des emplois soit
civils soit militaires ; les hommes encore qui depuis quinze ans ont dévoré dix-neuf milliards
d'impôt, exigé ou plutôt pris un million d'indem-
nité, et avec lesquels les ex-ministres se sont liés
pour ratifier le manifeste du 13 janvier 1792, et
vous en faire subir toutes les conséquence. Et ce
sont de tels ministres pour lesquels la pitié deman-
derait qu'il leur fût fait grâce de la peine capitale !
Que la pitié fasse revivre les morts, son vœu de-
viendra général.

« En 1814, Charles X, alors seulement Monsieur,
étant à Montpellier, promit aux émigrés, que dès
qu'il serait sur le trône, il travaillerait à rétablir
l'ancien régime. On vient de voir qu'il voulait ef-
fectuer sa promesse. Toutefois, les projets de
Charles X et de ses ministres, s'ils eussent triomphé au mois de juillet dernier, étaient de décimer
les libéraux, et le spectacle qu'eût présenté la
France eût été effroyable.

Si la commission de la chambre des députés
chargée de la poursuite contre les ex-ministres, et
de rédiger l'acte d'accusation, croit ne devoir
rien cacher de ce qu'elle aura découvert, la France
pourra connaître les auteurs, fauteurs et complices

des incendies dans le département de la Manche et du Calvados, dont quelques voix accusent les archevêques Quelen, Latil, Peyronnet et Polignac. Tel est aussi le bruit, et qu'il importe d'éclaircir, que, dans les journées de juillet, il a été trouvé à l'archevêché de Paris, des barils de poudre, des fusils et des poignards.

Pour donner plus de force à ce qui est rapporté dans cet écrit sur les projets de Charles X, on se propose de publier incessamment, dans un autre écrit, les menées et les plans des contre-révolutionnaires depuis 1790 jusqu'en 1814; surtout que l'ex-roi a le projet de rentrer en France.